필사의 장점

필사는 단순히 글을 쓰는 것을 넘어서, 여러 면에서 정신적, 인지적, 그리고 감성적인 장점을 제공합니다.

❀ **어휘력 향상** 좋은 문장을 필사함으로써 새로운 단어와 표현을 배우게 되며, 자연스럽게 **어휘력이 향상**됩니다.

❀ **자기 계발** 명언이나 좋은 글을 필사함으로써 **긍정적인 생각을 습관화**하고, 자기 계발에 도움이 되는 내용을 꾸준히 접할 수 있습니다.

❀ **심리적 안정** 글을 쓰는 행위 자체가 스트레스를 줄이는 데 도움을 줄 수 있습니다. 마음을 차분하게 하고 **내면의 평화**를 찾는 데 도움이 됩니다.

❀ **집중력 강화** 필사를 하는 동안 글에 **온전히 집중**하게 되어, 일상의 산만함을 줄여주고 집중력을 강화시켜줍니다.

이 책의 구성 49가지 필사 문장 수록

Part.1 어휘력 증진을 위한 필사 ·············· **no.1~15**

시 / 소설 중 필사하기 좋은 문장을 발췌하였습니다. 더불어 알아두면 좋은 단어의 뜻풀이도 수록하여 어휘력을 향상시킬 수 있습니다.

Part.2 긍정의 사고의 습관화를 위한 필사 ·············· **no.16~49**

사랑 / 우정 / 인생 / 자신감 / 도전 5개의 카테고리 명언을 통해 삶을 더 아름답게 가꿔보세요.

Part.1 어휘력 증진을 위한 필사

진달래꽃   <김소월>

나 보기가 역겨워
가실 때에는
말없이 고이 보내드리우리다

영변에 약산
진달래꽃
<u>아름</u> 따다 가실 길에 뿌리우리다

가시는 걸음걸음
놓인 그 꽃을
사뿐히 즈려밟고 가시옵소서

나 보기가 역겨워
가실 때에는
죽어도 아니 눈물 흘리우리다

- **아름** 「명사」   두 팔을 둥글게 모아서 만든 둘레.
          「의존 명사」 1. 둘레의 길이를 나타내는 단위.
                    2. 두 팔을 둥글게 모아 만든 둘레 안에 들 만한 분량을 세는 단위.

Part.1 어휘력 증진을 위한 필사

별 헤는 밤   <윤동주>

계절이 지나가는 하늘에는
가을로 가득 차 있습니다.

나는 아무 걱정도 없이
가을 속의 별들을 다 헬 듯합니다.

가슴속에 하나 둘 새겨지는 별을
이제 다 못 헤는 것은
<u>쉬이</u> 아침이 오는 까닭이요
내일 밤이 남은 까닭이요
아직 나의 청춘이 다 하지 않은 까닭입니다.

별 하나에 추억과
별 하나에 사랑과
별 하나에 쓸쓸함과
별 하나에 동경과
별 하나에 시와
별 하나에 어머니, 어머니,

· **쉬이** 「부사」 1. 어렵거나 힘들지 아니하게.
2. 가능성이 많게.
3. 멀지 아니한 가까운 장래에.

Part.1 어휘력 증진을 위한 필사

님의 침묵 < 한용운 >

님은 갔습니다. 아아 사랑하는 나의 님은 갔습니다.
푸른 산빛을 깨치고 단풍나무숲을 향하여 난
작은 길을 걸어서 차마 떨치고 갔습니다.
황금의 꽃같이 굳고 빛나던 옛 맹서는 차디찬 티끌이 되어서
한숨의 미풍에 날아갔습니다.
날카로운 첫 키스의 추억은 나의 운명의 <u>지침</u>을 돌려놓고
뒷걸음쳐서 사라졌습니다.

- **지침** 「명사」 1. 지시 장치에 붙어 있는 바늘. 시계의 바늘이나 나침반의 바늘, 계량기의 바늘 따위가 있다.
　　　　　　　2. 생활이나 행동 따위의 지도적 방법이나 방향을 인도하여 주는 준칙.

Part.1 어휘력 증진을 위한 필사

사랑하는 까닭 <김소월>

내가 당신을 사랑하는 것은
까닭이 없는 것은 아닙니다.
다른 사람들은 나의 <u>홍안</u>만을 사랑하지만은
당신은 나의 백발도 사랑하는 까닭입니다.

· **홍안** 「명사」   붉은 얼굴이라는 뜻으로, 젊어서 혈색이 좋은 얼굴을 이르는 말.

Part.1 어휘력 증진을 위한 필사

서시(序詩)   <윤동주>

죽는 날까지 하늘을 우러러
한 점 부끄럼이 없기를,
잎새에 이는 바람에도
나는 괴로워했다.

별을 노래하는 마음으로
모든 죽어가는 것을 사랑해야지.
그리고 나한테 주어진 길을
걸어가야겠다.

오늘 밤에도 별이 바람에 <u>스치운다</u>.

- **스치다** 「동사」
  1. 서로 살짝 닿으면서 지나가다.
  2. 어떤 느낌, 생각, 표정 따위가 퍼뜩 떠올랐다가 이내 사라지다.
  3. 시선이 훑어 지나가다.

Part.1 어휘력 증진을 위한 필사

운수 좋은 날 <현진건>

그의 아내가 기침으로 쿨룩거리기는 벌써 달포가 넘었다. 조밥도 굶기를 먹다시피 하는 형편이니 물론 약 한 첩 써본 일이 없다. 구태여 쓰려면 못 쓸 바도 아니로되 그는 병이란 놈에게 약을 주어 보내면 재미를 붙여서 자꾸 온다는 자기의 신조에 어디까지 충실하였다. 따라서 의사에게 보인 적이 없으니 무슨 병인지는 알 수 없으되 반듯이 누워 가지고 일어나기는 새로 모로도 못 눕는 걸 보면 중증은 중증인 듯. 병이 이토록 심해지기는 열흘 전에 조밥을 먹고 체한 때문이다.

• **달포** 「명사」   한 달이 조금 넘는 기간.

Part.1 어휘력 증진을 위한 필사

봄봄   <김유정>

밭 가생이로 돌적마다 야릇한 꽃내가 물컥물컥 코를 찌르고 머리 위에서 벌들은 가끔 붕, 붕, 소리를 친다. 바위 틈에서 샘물 소리밖에 안 들리는 <u>산골짜기</u>니까 맑은 하늘의 봄볕은 이불 속같이 따스하고 꼭 꿈꾸는 것 같다. 나는 몸이 나른하고(몸살을 아직 모르지만) 병이 나려고 그러는지 가슴이 울렁울렁하고 이랬다.

· **산골짜기** 「명사」   산과 산 사이의 움푹 들어간 곳.

Part.1 어휘력 증진을 위한 필사

08

눈의 여왕   안데르센 원작

카이와 게르다는 손을 꼭 잡았다. 길을 걷는 내내 화창한 봄 날씨가 이어졌다. 땅은 초록으로 물들고 꽃이 <u>흐드러지게</u> 피었다. 교회 종소리가 울리고, 커다란 마을의 높은 첨탑이 눈에 들어왔다. 둘이 살던 마을이다. 게르다와 카이는 곧장 할머니의 집으로 걸어가 계단을 올라 방 안으로 들어갔다.

· 흐드러지다 「형용사」   1. 매우 탐스럽거나 한창 성하다.
　　　　　　　　　　　　2. 매우 흐뭇하거나 푸지다.

Part.1 어휘력 증진을 위한 필사

동백꽃   <김유정>

나는 고개도 돌리려 하지 않고 일하던 손으로 그 감자를 도로 어깨너머로 쑥 밀어
버렸다. 그랬더니 그래도 가는 기색이 없고 뿐만 아니라 쌔근쌔근하고 심상치 않게
숨소리가 점점 거칠어진다. 이건 또 뭐야, 싶어서 그때서야 비로소 돌아다보니
나는 참으로 놀랐다. 우리가 이 동리에 들어온 것은 근 삼 년째 되어 오지만
여태껏 가무잡잡한 점순이의 얼굴이 이렇게까지 홍당무처럼 새빨개진 법이 없었다.

• **비로소** 「부사」 어느 한 시점을 기준으로 그 전까지 이루어지지 아니하였던 사건이나 사태가 이루어지거나 변화하기 시작함을 나타내는 말.

Part.1 어휘력 증진을 위한 필사

메밀꽃 필 무렵 <이효석>

반평생을 같이 지내온 짐승이었다. 같은 주막에서 잠자고 같은 달빛에 젖으면서 장에서 장으로 걸어 다니는 동안에 이십 년의 세월이 사람과 짐승을 함께 늙게 하였다. 까스러진 목뒤 털은 주인의 머리털과도 같이 바스러지고, 개진개진 젖은 눈은 주인의 눈과 같이 눈곱을 흘렸다. 몽당비처럼 짧게 슬리운 꼬리는 파리를 쫓으려고 기껏 휘저어 보아야 벌써 다리까지는 닿지 않았다.

· **까스러진** 「동사」 잔털 따위가 거칠게 일어나다.

Part.1 어휘력 증진을 위한 필사

그를 보내며   <한용운>

그는 간다.
그가 가고 싶어서 가는 것도 아니요.
내가 보내고 싶어서 보내는 것도 아니지만 그는 간다.

그의 붉은 입술, 흰니, 가는 눈썹이 <u>어여쁜</u> 줄만 알았더니, 구름 같은 뒷머리,
실버들 같은 허리, 구슬 같은 발꿈치가 보다 아름답습니다.

· **어여쁘다** 「형용사」 '예쁘다'를 예스럽게 이르는 말.

Part.1 어휘력 증진을 위한 필사

쉽게 씌어진 시   \<윤동주\>

창밖에 밤비가 <u>속살거려</u>
육첩방은 남의 나라

시인이란 슬픈 천명인 줄 알면서도
한 줄 시를 적어 볼까

땀내와 사랑내 포근히 품긴
보내 주신 학비 봉투를 받아

대학 노-트를 끼고
늙은 교수의 강의 들으러 간다.

생각해 보면 어린 때 동무를
하나, 둘, 죄다 잃어버리고

나는 무얼 바라
나는 다만, 홀로 침전하는 것일까?

- **속살거려** 「동사」   남이 알아듣지 못하도록 작은 목소리로 자질구레하게 자꾸 이야기하다.

Part.1 어휘력 증진을 위한 필사

끝없는 강물이 흐르네

\<김영랑\>

내 마음의 어딘 듯 한 편에 끝없는
강물이 흐르네.
돋쳐 오르는 아침 날빛이 빤질한
은결을 돋우네.
가슴엔 듯 눈엔 듯 또 핏줄엔 듯

마음이 도른도른 숨어 있는 곳
내 마음의 어딘 듯 한 편에 끝없는
강물이 흐르네.

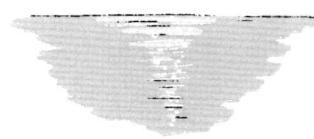

- **날빛** 「명사」 1. 햇빛을 받아서 나는 온 세상의 빛.
  2. 햇빛

Part.1 어휘력 증진을 위한 필사

님의 손길   <한용운>

님의 사랑은 강철을 녹이는 물보다도 뜨거운데,

님의 손길은 너무 차서 <u>한도</u>가 없습니다.

나는 이 세상에서 서늘한 것도 보고 찬 것도 보았습니다.

그러나 님의 손길같이 찬 것은 볼 수가 없습니다.

국화 핀 서리 아침에 떨어진 잎새를 울리고 오는,

가을바람도 님의 손길보다는 차지 못합니다.

· **한도** 「명사」   일정한 정도. 또는 한정된 정도.

Part.1 어휘력 증진을 위한 필사

모란이 피기까지는   \<김영랑\>

모란이 피기까지는
나는 아직 나의 봄을 기다리고 있을테요
모란이 뚝뚝 떨어져 버린 날
나는 비로소 봄을 <u>여읜</u> 설움에 잠길테요

· **여의다** 「동사」   부모나 사랑하는 사람이 죽어서 이별하다.

Part.2 긍정의 사고의 습관화를 위한 필사

•
누군가를 사랑한다는 것은 자신을 그와 동일시하는 것이다.

To love someone is to identify with them.

/ 아리스토텔레스 Aristotle

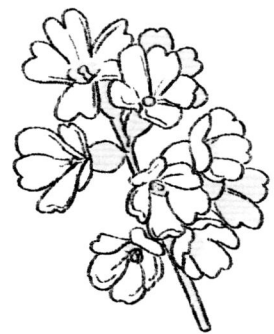

사랑에 관한 명언

Part.2 긍정의 사고의 습관화를 위한 필사

17

·
모든 언행을 칭찬하는 자보다
결점을 친절하게 말해주는 친구를 가까이하라.

Think not those faithful who praise all your words and actions;
but those who kindly reprove your faults.

/ 소크라테스 Socrates

우정에 관한 명언

Part.2 긍정의 사고의 습관화를 위한 필사

18

•

마음으로 보아야만 분명하게 볼 수 있어.
정말 중요한 것은 눈에 보이지 않는 법이거든.

It is only with one's heart that one can see clearly.
What is essential is invisible to the eye.

/ 생텍쥐페리 Antoine de Saint-Exupery

인생에 관한 명언

Part.2 긍정의 사고의 습관화를 위한 필사

•

내가 보기에 사람들은 엄청난 잠재력을 가지고 있다.
많은 이들이 자신감을 갖거나 위험을 무릅쓴다면
위대한 일을 해낼 수 있다. 하지만 대부분 그러지 못한다.
사람들은 티비 앞에 앉아 삶은 영원할 것이라 생각한다.

It seems to me that people have vast potential. Most people can do extraordinary things if they have the confidence or take the risks. Yet most people don't. They sit in front of the telly and treat life as if it goes on forever.

/ 필립 애덤스 Philip Adams

자신감에 관한 명언

Part.2 긍정의 사고의 습관화를 위한 필사

20

-

도전은 우리로 하여금 새로운 무게중심을
찾게 하는 선물입니다. 맞서 싸우지 마세요.
그저 중심을 잡을 수 있는 다른 방법을 찾아보세요.

*Challenges are gifts that force us to search for a new center of gravity.
Don't fight them. Just find a different way to stand.*

/오프라 윈프리 Oprah Winfrey

도전에 관한 명언

이별의 아픔 속에서만 사랑의 깊이를 알게 된다.

Only in the agony of parting do we look into the depths of love.

/ 조지 앨리엇 George Eliot

Part.2 긍정의 사고의 습관화를 위한 필사

22

-

모두에게 친절하되, 소수와 가까워지고
그 소수를 신뢰하기 전에 먼저 잘 시험해 보라.
진정한 우정이란 천천히 자라는 식물 같아서
이름을 지어주기 전에 역경을 겪고, 이겨내야만 한다.

Be courteous to all, but intimate with few, and let those few be well tried before you give them your confidence. True friendship is a plant of slow growth, and must undergo and withstand the shocks of adversity before it is entitled to the appellation.

/ 조지 워싱턴 George Washington

우정에 관한 명언

Part.2 긍정의 사고의 습관화를 위한 필사

23

-
나만이 내 인생을 바꿀 수 있다.
아무도 날 대신해 해줄 수 없다.

Only I can change my life. No one can do it for me.

/ 캐롤 버넷 Carol Burnett

인생에 관한 명언

Part.2 긍정의 사고의 습관화를 위한 필사

24

●

일부 천재가 비웃음을 샀다는 사실이 비웃음을 산 모든 사람이 천재라는 것을 의미하지는 않는다. 사람들은 콜럼버스를 비웃고, 풀턴을 비웃고, 라이트형제를 비웃었다. 그러나 사람들은 또한 보조라는 광대를 비웃었다.

But the fact that some geniuses were laughed at does not imply that all who are laughed at are geniuses. They laughed at Columbus, they laughed at Fulton, they laughed at the Wright brothers. But they also laughed at Bozo the Clown.

/ 칼 세이건 Carl Sagan

자신감에 관한 명언

Part.2 긍정의 사고의 습관화를 위한 필사

25

•

너무 멀리 갈 위험을 감수하는 자만이
얼마나 멀리 갈 수 있는지 알 수 있다.

*Only those who will risk going too far can possibly
find out how far one can go.*

/ T. S. 엘리엇 T. S. Eliot

도전에 관한 명언

Part.2 긍정의 사고의 습관화를 위한 필사

26

●

사랑이란 서로 마주 보는 것이 아니라
둘이서 똑같은 방향을 내다보는 것이라고
인생은 우리에게 가르쳐 주었다.

Love has taught us that love does not consist in gazing at each other but in looking outward together in the same direction.

/ 생텍쥐페리 Antoine de Saint-Exupery

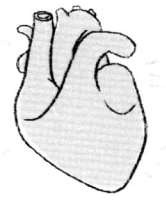

사랑에 관한 명언

Part.2 긍정의 사고의 습관화를 위한 필사

27

•
친구를 얻는 방법은 친구에게 부탁을 들어달라고 하는 것이 아니라 내가 부탁을 들어주는 것이다.

We secure our friends not by accepting favors but by doing them.

/ 투키디데스 Thucydides

우정에 관한 명언

Part.2 긍정의 사고의 습관화를 위한 필사

28

•

"사람들은 이 진실을 잊어버렸어"
여우가 말했다.
"하지만 넌 그것을 잊지 말아야 해.
네가 길들인 것에 언제까지나 책임을 져야 하는 거야."

"Men have forgotten this truth," said the fox.
"But you must not forget it. You become responsible,
forever, for what you have tamed."

/ 생텍쥐페리 Antoine de Saint-Exupery

인생에 관한 명언

Part.2 긍정의 사고의 습관화를 위한 필사

29

-
기회 없는 능력은 쓸모가 없다.

Ability is of little account without opportunity.

/ 나폴레옹 보나파르트 Napoleon Bonaparte

자신감에 관한 명언

Part.2 긍정의 사고의 습관화를 위한 필사

30

-

장애물을 만났다고 반드시 멈춰야 하는 것은
아니다. 벽에 부딪힌다면 돌아서서 포기하지 말라.
어떻게 벽에 오를지, 벽을 뚫고 나갈 수 있을지,
또는 돌아갈 방법은 없는지 생각하라.

Obstacles don't have to stop you. If you run into a wall, don't turn around and give up. Figure out how to climb it, go through it, or work around it.

/ 마이클 조던 Michael Jordan

도전에 관한 명언

Part.2 긍정의 사고의 습관화를 위한 필사

31

-

죄를 미워하되 죄인은 사랑하라.

Hate the sin, love the sinner.

/ 마하트마 간디 Mahatma Gandhi

사랑에 관한 명언

Part.2 긍정의 사고의 습관화를 위한 필사

32

-

작별 인사에 낙담하지 말라. 재회에 앞서 작별은 필요하다.
그리고 친구라면 잠시 혹은 오랜 뒤라도 꼭 재회하게 될 터이니.

Don't be dismayed at goodbyes, a farewell is necessary before you can meet again and meeting again, after moments or lifetimes, is certain for those who are friends.

/ 리처드 바크 Richard Bach

우정에 관한 명언

Part.2 긍정의 사고의 습관화를 위한 필사

33

●

사막은 어딘가에 샘을 숨기고 있기에
더욱 아름다운 거야.

What makes the desert beautiful is that somewhere it hides a well.

/ 생텍쥐페리 Antoine de Saint-Exupery

인생에 관한 명언

Part.2 긍정의 사고의 습관화를 위한 필사

34

- 어떤 재능 혹은 다른 재능으로 뛰어난 사람이
될 수 있도록 노력하라.

Toil to make yourself remarkable by some talent or other.

/ 세네카 Seneca

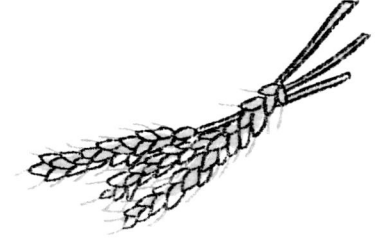

자신감에 관한 명언

Part.2 긍정의 사고의 습관화를 위한 필사

35

•

20년 후 당신은, 했던 일보다 하지 않았던 일로 인해 더 실망할 것이다.
그러므로 돛줄을 던져라. 안전한 항구를 떠나 항해하라.
당신의 돛에 무역풍을 가득 담아라.
탐험하라. 꿈꾸라. 발견하라.

Twenty years from now you will be more disappointed by the things you didn't do than by the ones you did do. So throw off the bowlines. Sail away from the safe harbor. Catch the trade winds in your sails. Explore. Dream. Discover.

/ 마크 트웨인 Mark Twain

도전에 관한 명언

Part.2 긍정의 사고의 습관화를 위한 필사

36

-

서로를 용서하는 것이야말로 가장 아름다운 사랑의 모습이다.

Tis the most tender part of love, each other to forgive.

/ 존 셰필드 John Sheffield

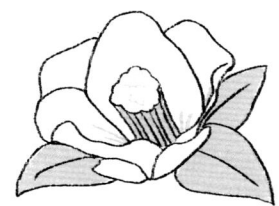

사랑에 관한 명언

Part.2 긍정의 사고의 습관화를 위한 필사

37

-

우리는 적이 아니라 친구다. 우리는 서로 적이 되어서는 안 된다.
감정이 상했다고 서로 애정의 유대관계를 끊어서도 안 된다.
분명 선량한 본성이 다시 기억의 신비로운 현을 튕길 것이다.

We are not enemies but friends. We must not be enemies. Though passion may have strained it must not break our bonds of affection. The mystic cords of memory shall swell when again touched, as surely they will be, by the better angels of nature.

/ 에이브러햄 링컨 Abraham Lincoln

우정에 관한 명언

- 아는 것을 안다 하고, 모르는 것을 모른다 하는 것이 참으로 아는 것이다.

When you know a thing, to hold that you know it; and when you do not know a thing, to allow that you do not know it - this is knowledge.

/ 공자 Confucius

인생에 관한 명언

Part.2 긍정의 사고의 습관화를 위한 필사

39

-

나는 중요한 슛을 놓친 결과에 절대 개의치 않는다.
그 결과에 대해 생각하면 언제나 부정적인 결과만 생각하게 된다.

I never looked at the consequences of missing a big shot...
when you think about the consequences you always think of a negative result.

/ 마이클 조던 Michael Jordan

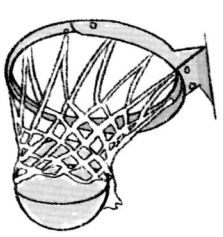

자신감에 관한 명언

Part.2 긍정의 사고의 습관화를 위한 필사

40

·

할 수 없을 것 같은 일을 하라. 실패하라. 그리고 다시 도전하라.
이번에는 더 잘 해보라. 넘어져 본 적이 없는 사람은 단지 위험을
감수해 본 적이 없는 사람일 뿐이다. 이제 여러분 차례이다.
이 순간을 자신의 것으로 만들라.

Do the one thing you think you cannot do. Fail at it. Try again. Do better the second time. The only people who never tumble are those who never mount the high wire. This is your moment. Own it.

/ 오프라 윈프리 Oprah Winfrey

도전에 관한 명언

Part.2 긍정의 사고의 습관화를 위한 필사

41

·

자신을 사랑하는 법을 아는 것이 가장 위대한 사랑입니다.

Learning to love yourself is the greatest love of all.

/ 마이클 매서 Michael Masser

사랑에 관한 명언

Part.2 긍정의 사고의 습관화를 위한 필사

42

•

만약 누군가를 당신의 편으로 만들고 싶다면,
먼저 당신이 그의 진정한 친구임을 확신시켜라.

If you would win a man to your cause,
first convince him that you are his sincere friend.

/ 에이브러햄 링컨 Abraham Lincoln

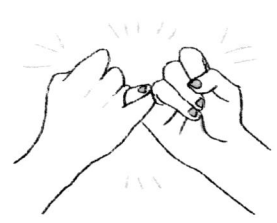

우정에 관한 명언

Part.2 긍정의 사고의 습관화를 위한 필사

-

희망은 어둠 속에서 시작된다.
일어나 옳은 일을 하려 할 때, 고집스러운 희망이 시작된다.
새벽은 올 것이다. 기다리고 보고 일하라. 포기하지 말라.

Hope begins in the dark, the stubborn hope that if you just show up and try to do the right thing, the dawn will come. You wait and watch and work: You don't give up.

/ 앤 라모트 Anne Lamott

인생에 관한 명언

Part.2 긍정의 사고의 습관화를 위한 필사

44

- 스스로를 존경하면 다른 사람도 당신을 존경할 것이다.

Respect yourself and others will respect you.

/ 공자 Confucius

자신감에 관한 명언

Part.2 긍정의 사고의 습관화를 위한 필사

45

-

나머지 인생을 설탕물이나 팔면서 보내고 싶습니까, 아니면 세상을 바꿔놓을 기회를 갖고 싶습니까?

Do you want to spend the rest of your life selling sugared water or do you want a chance to change the world?

/ 스티브 잡스 Steve Jobs

도전에 관한 명언

Part.2 긍정의 사고의 습관화를 위한 필사

46

-

용기 있다는 것은 답례로 아무것도 기대하지 않고 누군가를 무조건적으로 사랑하는 것이다. 사랑을 그저 주는 것이다. 우리는 넘어지거나 쉽게 상처받길 원치 않으므로 사랑하려면 용기가 필요하다.

To be brave is to love someone unconditionally, without expecting anything in return. To just give. That takes courage, because we don't want to fall on our faces or leave ourselves open to hurt.

/ 마돈나 Madonna

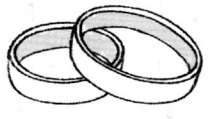

사랑에 관한 명언

Part.2 긍정의 사고의 습관화를 위한 필사

47

-

누군가는 성공하고 누군가는 실수할 수도 있다.
하지만 이런 차이에 너무 집착하지 말라.
타인과 함께, 타인을 통해서 협력할 때에야 비로소 위대한 것이 탄생한다.

One man may hit the mark, another blunder; but heed not these distinctions.
Only from the alliance of the one, working with and through the other,
are great things born.

/ 생텍쥐페리 Antoine de Saint-Exupery

우정에 관한 명언

Part.2 긍정의 사고의 습관화를 위한 필사

48

•
행복은 생각, 말, 행동이 조화를 이룰 때 찾아온다.

Happiness is when what you think, what you say, and what you do are in harmony.

/ 마하트마 간디 Mahatma Gandhi

인생에 관한 명언

Part.2 긍정의 사고의 습관화를 위한 필사

49

●

다른 누군가가 되어서 사랑받기보다는
있는 그대로의 나로서 미움받는 것이 낫다.

I'd rather be hated for who I am than be loved for who I'm not.

/ 커트 코베인 Kurt Cobain

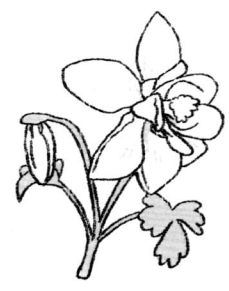

자신감에 관한 명언